とんぼのお話《はなし》

生《い》きていると
つらいことや悲《かな》しいことがたくさんあります。
そんな時《とき》、このお話《はなし》を思《おも》い出《だ》してください。
そのきもちをだれかに話《はな》してください。
きっと前《まえ》に進《すす》めるはずです。

とんぼのお話《はなし》

ゆうくんは8さいです。剣道《けんどう》を習《なら》っています。どうしてなのかよくわからないけど、お父《とう》さんは小《ちい》さいときからいません。お母《かあ》さんははたらいているので、剣道教室《けんどうきょうしつ》のおくりむかえはおばあちゃんです。

はじめて防具《ぼうぐ》をつけた時《とき》、胴《どう》が首《くび》にひっかかってどーん、とうしろにひっくりかえってしまいまいた。

お母《かあ》さんはゆうくんに強《つよ》い子《こ》になってほしいと剣道教室《けんどうきょうしつ》につれてき

ました。だからいつか強《つよ》くなって、学校《がっこう》でいじめてくるやつらをやっつけてやろうと思《おも》っていました。

ところが試合《しあい》になると、面《めん》の向《む》こう側《がわ》にある目《め》に、にらみつけられたとたん、足《あし》が動《うご》かなくなって一《いっ》しゅんで「バチン」と頭《あたま》にメンをうけて気《き》がつくといつも相手《あいて》のたすきの色《いろ》の旗《はた》が上《あ》がっているのです。試合《しあい》を何度《なんど》やってもおんなじです。

あるときお母《かあ》さんが「もう、やめる?」「なんだか見《み》てられない」と困《こま》った顔《かお》で言《い》いました。

でも、その言《い》い方《かた》がなんだか頭《あたま》にきて、ゆうくんは言《い》いました。

「ぼく、絶対《ぜったい》やめない」「勝《か》てるようになるまでやるから」

そんなお母《かあ》さんとゆうくんを見《み》て、おばあちゃんは優《やさ》しい顔《かお》で、いつもニコニコ笑《わら》っていました。

何度《なんど》試合《しあい》に出《で》ても負《ま》け続《つづ》けていたそんなある日《ひ》、試合会場《しあいかいじょう》におばあちゃんは来《こ》なくなりました。入院《にゅういん》したとお母《かあ》さんから聞《き》きました。

でも、そのうち来《き》てくれると思《おも》っていました。

今日《きょう》もやっぱり勝《か》てません。大好《だいす》きなおばあちゃんが来《き》てくれないんだからあたりまえだと思《おも》っていました。

剣道《けんどう》の先生《せんせい》に「こら、負《ま》けでも、堂々《どうどう》としてもどってこい」と言《い》われ、「そんなのできるわけないじゃん」となげやりになっています。

「どうせぼくは弱《よわ》いんだ」

そうつぶやくと、「ダン、ダン」と音《おと》をたてて防具《ぼうぐ》をしまっていると、いつのまにかお母《かあ》さんが何《なに》かを手《て》に持《も》って、立《た》っていました。

「ゆうくん、これおばあちゃんから」

そう言《い》ってわたしてくれたのは、あい色《いろ》の剣道《けんどう》のてぬぐいでした。すみっこにゆうくんの名《な》まえと、銀色《ぎんいろ》のトンボのししゅうがしてあります。

「トンボは後《うし》ろには飛《と》ばないんだって」とお母《かあ》さんが言《い》いました。

しばらくして、おばあちゃんは、ゆうくんと話《はなし》をすることもできないまま、死《し》んでしまいました。

「なんで死《し》んじゃったんだよ」

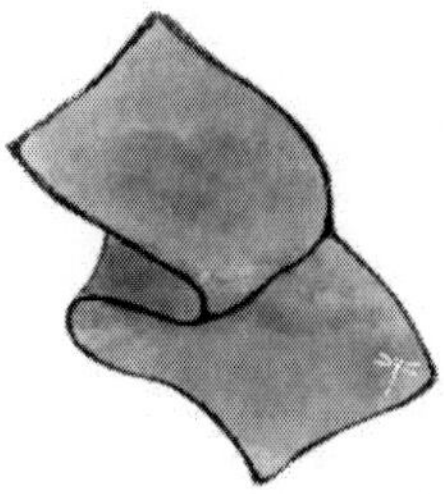

「後《うし》ろに飛《と》ばないってどういうことだよぉ」

涙《なみだ》が出《で》なくなるくらい泣《な》きました。でもおばあちゃんはもう何《なに》も言《い》ってくれません。

お母《かあ》さんが話《はな》しかけても、しばらく元気《げんき》が出《で》ない毎日《まいにち》をすごしていました。

おばあちゃんがししゅうしてくれた手《て》ぬぐいは、ずっと机《つくえ》の上《うえ》に置《お》いたままです。

学校《がっこう》で忘《わす》れ物《もの》をして、またいやなことを言《い》われて、半泣《はんな》きで眠《ねむ》ったある日《ひ》、あの銀色《ぎんいろ》のトンボが夢《ゆめ》の中《なか》に出《で》てきたのです。

銀色《ぎんいろ》のトンボは強《つよ》い風《かぜ》にふかれて、ふらふらになったかと思《おも》ったら、次《つぎ》の瞬間《しゅんかん》、大《おお》きなクモにおそわれそうになりました。見《み》ているほうがヒヤヒヤしてしまいます。

でも、トンボは後《うし》ろを向《む》いて逃《に》げようとしたりしませんでした。ふらふらしながら、少《すこ》し休《きゅう》けいもしたりしますが、それでも少《すこ》しずつ、少《すこ》しずつ前《まえ》に向《む》かって飛《と》んでいきます。そして最後《さいご》には大空《おおぞら》に、勢《いきお》いよく飛《と》び去《さ》っていきました。

目《め》がさめたとき、ゆうくんはおばあちゃんが自分《じぶん》に伝《つた》えたかったことに気《き》がついたのです。

「おばあちゃん、わかったよ。ぼく、泣《な》いてばっかりだった。逃《に》げてばっかりだった。

でも、それではだめなんだね。もう逃《に》げたりしないよ。強《つよ》くなるっていじめてくるやつをやっつけることだと思《おも》ってた。仕返《しかえ》しをすることだと思《おも》ってた。でも本当《ほんとう》に強《つよ》いってそうじゃない。

前《まえ》に向《む》かって飛《と》び続《つづ》けることなんだ。とんぼのように」

それを伝《つた》えたくて階段《かいだん》を降《お》りてお母《かあ》さんのところに行《い》きました。

お母《かあ》さんは疲《つか》れてソファーで寝《ね》てしまっていました。

そうか。お母《かあ》さんお仕事《しごと》で疲《つか》れてるんだね・・ゆうくんはそーっとお母《かあ》さんに毛布《もうふ》をかけてあげました。いつもお母《かあ》さんがゆうくんにしてくれているように。

その日《ひ》からゆうくんは変《か》わりました。お父《とう》さんがいないことで学校《がっこう》でからかわれても、剣道《けんどう》の試合《しあい》で負《ま》けても、下《した》を向《む》かずまっすぐ前《まえ》を向《む》くようになりました。

そんなとき、学校《がっこう》でいじめられている子《こ》をみつけました。てっちゃんです。てっちゃんは学校《がっこう》を転校《てんこう》してきたばかりでわからないことがたくさんあって、困《こま》っていました。それを伝《つた》えられず、だれとも話《はな》せなくなっていたのです。

けしゴムをかくされたり、教科書《きょうかしょ》を忘《わす》れてもだれも見《み》せてあげる子《こ》がいませんでした。

「おはよう」

とゆうくんは声《こえ》をかけてみました。ロッカーのすみっこにかくしてあったけしゴムをみつけて、「あった！」

と言って、てっちゃんにわたしました。

「ぼくは前《まえ》の学校《がっこう》のほうがよかった」

てっちゃんはそうつぶやきました。

「今《いま》までのぼくと一緒《いっしょ》だ。」ゆうくんはそう思《おも》いました。

次《つぎ》の日《ひ》からてっちゃんが学校《がっこう》にくるのをげたばこでまっているように

なりました。

「ぼく、剣道《けんどう》をならってるんだ、よかったらてっちゃんもいっしょにやらない？」

てっちゃんがにこっと笑《わら》いました。

今日《きょう》は試合《しあい》です
おばあちゃんの手《て》ぬぐいをしっかりと頭《あたま》にまいて試合《しあい》にのぞみます。面《めん》の

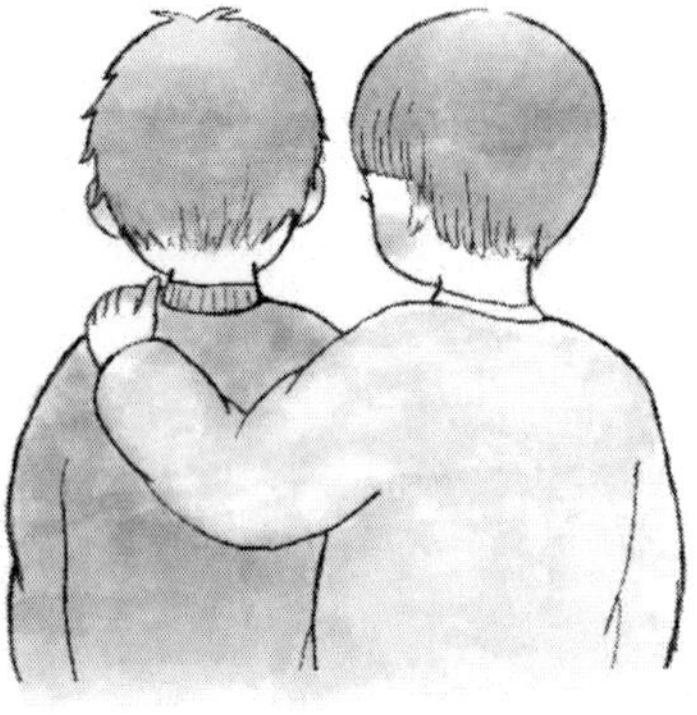

すき間《ま》からギロっとにらまれてももう怖《こわ》くありません。大《おお》きな声《こえ》を出《だ》して、少《すこ》しずつ、少《すこ》しずつ、前《まえ》に出《で》ます。

「メンッ!」思《おも》いきって竹刀《しない》を振《ふ》り下《お》ろします。

「メン　ありぃ〜」

自分《じぶん》の背中《せなか》につけた赤《あか》いたすきと同《おな》じ色《いろ》の旗《はた》が3本《ぼん》、上《あ》がるのが見《み》えました。

「やった!」　心《こころ》の中《なか》でガッツポーズをしたけれど、平気《へいき》な顔《かお》で前《まえ》を向《む》いてひきあげました。お母《かあ》さんがうなずきながら泣《な》いているのが見《み》えました。　少《すこ》しはなれたところで、てっちゃんがニコニコしながらいっしょうけんめい拍手《はくしゅ》をしているのも見《み》えました。

「おばあちゃん、わかったよ。お母《かあ》さんもつらかったんだね。ぼくは強《つよ》くなったらいじめてくるやつをやっつけようと思《おも》っていたけど、それだけじゃないんだね。それに気《き》づいたら親友《しんゆう》ができたよ。ほんとに強《つよ》いって、自分《じぶん》に負《ま》けないこと。誰《だれ》かを守《まも》れることかもしれない。これからはぼくがお母《かあ》さんを守《まも》るからね」

5月《がつ》の母《はは》の日《ひ》。ゆうくんははじめておこづかいでカーネーションを一本《いっぽん》買《か》ってお母《かあ》さんに渡《わた》しました。こんなメッセージと一緒《いっしょ》に。

お母《かあ》さん、いつもぼくを見《み》ていてくれてありがとう。これからはぼくがお母《かあ》さんを守《まも》るからね。

すると今度《こんど》はお母《かあ》さんがゆうくんのお誕生日《たんじょうび》に手紙《てがみ》をくれました。

ゆうくん、十歳《じゅっさい》のお誕生日《たんじょうび》おめでとう。

試合《しあい》で勝《か》った時《とき》は本当《ほんとう》にうれしかったよ。

いつかこんな日《ひ》が来《く》ると信《しん》じてた。

思《おも》い出《で》をプレゼントしてくれてありがとう。

お母《かあ》さんを守《まも》ってくれるという気持《きも》ち本当《ほんとう》にうれしいです。でもね、お母《かあ》さんの一番《いちばん》の願《ねが》いはあなたが健康《けんこう》で幸《しあわ》せになってくれること。

おばあちゃんは最後《さいご》まで、ゆうくんが強《つよ》くなれるって信《しん》じてたよ。

弱虫《よわむし》のお母《かあ》さんだけど、お父《とう》さんがいなくても他《ほか》の誰《だれ》にも負《ま》けないくらいゆうくんが大好《だいす》きです。だからあなたもいつか、誰《だれ》かを心《こころ》から愛《あい》せる人《ひと》。そして守《まも》れる強《つよ》い人《ひと》になってください。

それから何年《なんねん》たったでしょうか。大人《おとな》になったゆうくんは子《こ》どもたちに剣道《けんどう》をおしえていました。

「ほら、そこで下《さ》がっちゃダメだ」

「負《ま》けても　堂々《どうどう》としていろ」

大声《おおごえ》で子《こ》どもたちにメッセージを送《おく》っています。

その横《よこ》で小《ちい》さな子《こ》どもたちに竹刀《しない》の持《も》ち方《かた》を教《おし》えている仲間《なかま》がいます。てっちゃんです。ふたりの頭《あたま》の上《うえ》のてぬぐいには銀色《ぎんいろ》のトンボがキラリと光《ひか》っています。

あとがき

「とんぼのお話」は半分実話です。ゆうくんという八歳の弱虫だった男の子が周りのいろんな出来事から自分が強くなるとはどういうことなのか自分で気付いていく話です。

母子家庭で育つ子どもは珍しくありません。わたしも一歳から双子の男の子をひとりで育てました。環境が整っていなくてもこの子たちを真っすぐに育てたいという思いでふたりに一冊ずつ育児日記をつけていました。

この話のお母さんから子どもへの手紙はその育児日記の中から抜粋したものです。あれほど忙しい日々はなかったと思います。その中で子どもたちの成長の記録と母親として子どもたちへのメッセージを残したかったのだと思います。

フルタイムで働きながらの子育ては母の手を借りずにはできませんでした。ふたりとも小さいころから剣道を習わせました。長男は始めのうち、何度試合に出ても勝てませんでした。当時「ハルウララ」という馬が何度走っても勝てなかったことから負けるたびにこの馬と重なっていたのを覚えています。

負けた時の怒りの様子はこの話の中に出てくる通り「ダン、ダン！」と音をたてて防具をしまうので、見かねたわたしは「もう辞めてもいいよ」と言いました。すると彼は「絶対辞めない！勝つまでやる」と言ったのです。そうやって続けていくうちにだんだん勝てるようになり、剣道が楽しくなる日が来ました。

大学生になった時に母校の剣道部の指導員を任され、勝てなかったあの子が成長した姿を見せてもらいました。次男は練習が嫌いでどうしたら練習をさぼれるか知恵をしぼっていました。それでも「続けること」の大切さを伝えたくて中学3年生になるまで辞めずに続けさせました。

練習は嫌いでしたが、試合はいつも先鋒でほとんど負けることがなかった記憶があります。高校生になって突然剣道を再開し、最後の試合で二本勝ちをしてびっくりさせてくれました。

その最後の試合で偶然にも同じ会場の隣のコートで同じ瞬間にふたりの試合が始まった場面は涙で見られませんでした。

お話の中で疲れたわたしに毛布をかけてくれたのは次男です。やんちゃな子どもがこんな思いやりをもってくれていることがとても嬉しくて忘れられない思い出です。

彼らがもらったのは「皆勤賞」という賞状と「ありがとう」という先生や後輩たちの言葉で飾られたトロフィー。

それはどんな立派な賞状より価値のあるものだと私は思っています。

子どもがやりたいことをやらせてやりたい。そう思っていてもひとりでやれることはこれが精いっぱいでした。でもいつかその思いが伝わる日が来ると信じています。

このお話は是非、親子で読んで欲しいと思います。人生には思い通りにならないことの方が多いのではないでしょうか。「いじめ」の問題は子どもの頃だけではなく、大人になっても直面することがあります。

残念ではありますが、これがこの世の中から消滅することはないのかもしれません。ゆうくんはいじめに合ったときに相手をやっつけるために剣道をやっていました。でもおばあちゃんからもらったトンボの刺繍が入ったてぬぐいがそうではないことを教えてくれます。

強くなることは自分に負けないこと、後ろを向くことなく前に飛び続けなさいというメッセージに気が付きます。

わたしはキャリアコンサルタントの仕事でカウンセリングを行う時、決して最初から「あなたの問題はこういうことじゃないですか」とか「こうしてください」という言葉はかけません。それは何故それをやるのか理解していないのに提案しても意味がないからです。

お話を傾聴する中で問題を見つけたときには、自らがその問題に気づき、自分がどうしたいのかを考えてもらいます。「そうだったのか」と気づいた時、人は成長していける気がします。

　ゆうくんは自分の夢の中でトンボが困難にあっても逃げることなく、前に前に飛んでいく姿を見て今までの自分にはなかったことに気付きます。そして自分が強くならなければという思いが芽生え、成長していきます。そして本当に辛い時に寄り添い、辛いことを分かち合った友達は生涯を通じて続くことがあります。ゆうくんとてっちゃんのように。てっちゃんは中学の時に転校したわたし自身かもしれません。

このお話を読んでくれた方が、生きていくうえで大切なことに気付いてくれることを願っています。

出版することに対してわたしの背中を押してくれたのは、知り合いの十歳の息子さんにこれを読んでもらった時言ってくれた言葉でした。

「これは本になるんですか」「本になったらぼく買います」

この本を一番にプレゼントしたいのは偶然にも「ゆうき」という名前の心の優しい男の子です。

子どもたちは、これからたくさんの辛い出来事に出合うことでしょう。

大人になっても思う通りにいかないことばかりです。その時この本のことを少し思い出してください。挑戦することを諦めないでください。失敗したら「どうして失敗したのか」を少し離れたところから自分を見て考えてください。辛い時は休憩しながら。そうやって少しずつ一歩ずつ前に進んでいけば、きっと願いは叶います。そして忘れてはいけないことは「ひとりではない」こと。

信頼できる誰か（親なのか、友人なのか、わたしのようなカウンセラーなのかはわかりません）に心を開くことで、不可能が可能となることがあるのです。人から認められて自信がつくと子ども（大人も）は驚くほどの力を発揮することがあります。わたしたちは、そんな子どもたちの気持ちに寄り添い、見守ることで、自分自身も成長していくのではないでしょうか。

出版にあたり、たくさんの方に励ましの言葉や助言を頂きました。

心から感謝いたします。

とんぼのお話

2019年5月1日発行

著　　者　いけだ　よしみ

発 行 所　株式会社 三恵社

〒462-0056　愛知県名古屋市北区中丸町2-24-1

TEL.052-915-5211　　FAX.052-915-5019

ISBN 978-4-86693-065-7　C0012